机动车驾驶培训教学与考试大纲

中华人民共和国交通运输部
中华人民共和国公安部 编

人民交通出版社股份有限公司
北京

图书在版编目(CIP)数据

机动车驾驶培训教学与考试大纲/中华人民共和国交通运输部,中华人民共和国公安部编.—北京:人民交通出版社股份有限公司,2022.3
ISBN 978-7-114-17862-7

Ⅰ.①机… Ⅱ.①中… ②中… Ⅲ.①机动车—驾驶员—技术培训—教学大纲②机动车—驾驶员—技术培训—考试大纲 Ⅳ.①U471.3

中国版本图书馆 CIP 数据核字(2022)第 029952 号

Jidongche Jiashi Peixun Jiaoxue yu Kaoshi Dagang

书　　名:	机动车驾驶培训教学与考试大纲
著　作　者:	中华人民共和国交通运输部　中华人民共和国公安部
策划编辑:	何　亮
责任编辑:	王金霞　屈闻聪
责任校对:	席少楠
责任印制:	刘高彤
出版发行:	人民交通出版社股份有限公司
地　　址:	(100011)北京市朝阳区安定门外外馆斜街 3 号
网　　址:	http://www.ccpcl.com.cn
销售电话:	(010)59757973
总　经　销:	人民交通出版社股份有限公司发行部
经　　销:	各地新华书店
印　　刷:	北京市密东印刷有限公司
开　　本:	787×1092　1/16
印　　张:	2.25
字　　数:	47 千
版　　次:	2022 年 3 月　第 1 版
印　　次:	2022 年 3 月　第 1 次印刷
书　　号:	ISBN 978-7-114-17862-7
定　　价:	10.00 元

(有印刷、装订质量问题的图书由本公司负责调换)

目 录

交通运输部 公安部关于印发机动车驾驶培训教学与考试大纲的通知(交运发〔2022〕36号) …………………………………… 1

交通运输部　公安部关于印发机动车驾驶培训教学与考试大纲的通知
（交运发〔2022〕36号）

各省、自治区、直辖市、新疆生产建设兵团交通运输厅（局、委），公安厅（局）：

现将《机动车驾驶培训教学与考试大纲》印发给你们，自2022年4月1日起施行。2016年发布的《机动车驾驶培训教学与考试大纲》（交运发〔2016〕128号）同时废止。

交通运输部　公安部
2022年3月24日

抄送：中央纪委国家监委驻交通运输部纪检监察组。

机动车驾驶培训教学大纲

为了加强机动车驾驶培训管理工作,规范驾驶培训教学行为,提高驾驶培训质量,制定本大纲。

一、制定依据

根据《中华人民共和国道路交通安全法》及实施条例、《中华人民共和国道路运输条例》《机动车驾驶员培训管理规定》《机动车驾驶证申领和使用规定》等有关规定制定本大纲。

二、学时安排

1. 机动车驾驶培训教学的学时安排见下表:

学 时 安 排 表

内容＼车型学时	A1、B1	A2	A3	B2	C1	C2	C3	C4、D、E、F	C5	C6
总学时	78	88	114	118	62	58	50	38	60	30
道路交通安全法律、法规和相关知识	10	12	14	14	12	12	12	10	12	4
基础和场地驾驶	32	36	47	50	16	12	14	10	14	16
道路驾驶	20	22	33	32	24	24	16	10	24	4
安全文明驾驶常识	16	18	20	22	10	10	8	8	10	6

备注:每学时为60分钟。其中,有效教学时间不得低于45分钟。

2. 本大纲的学时为各车型基本学时要求(对于已持有机动车驾驶证,增加C1、C2、C3、C4、D、E、F准驾车型以及变更为C5准驾车型的,各省份可根据实际情况适当调整理论培训内容和学时要求,其中,"道路交通安全法律、法规和相关知识"不得低于4学时,"安全文明驾驶常识"不得低于6学时)。

3. 各省份可结合当地考试实际情况等增加培训内容,并相应调整学时。

4. 对每个学员理论培训时间每天不得超过6学时,实际操作培训时间每天不得超过4学时。

三、教学要求

1. 本大纲分为"道路交通安全法律、法规和相关知识""基础和场地驾驶""道路驾驶"和"安全文明驾驶常识"四部分内容。每部分内容培训结束后,应对学员的学习进行考核。"基础和场地驾驶""道路驾驶"两部分考核不合格的,由考核员提出增加复训的内容和学时建议。鼓励机动车驾驶员培训机构(以下简称驾培机构)聘用二级及以上教练员担任考核员。

2. "道路交通安全法律、法规和相关知识"和"安全文明驾驶常识"教学可采取多媒体教学、远程网络教学、交通安全体验等多种方式,倡导课堂教学与远程网络教学相结合。课堂教学不得低于6学时,其中,"道路交通安全法律、法规和相关知识"不得低于4学时,"安全文明驾驶常识"不得低于2学时。

3. "基础和场地驾驶"中"操纵装置的规范操作"和"起步前车辆检查与调整"教学内容,"道路驾驶"中"夜间驾驶""恶劣条件下的驾驶""山区道路驾驶""高速公路驾驶"等内容,可采用驾驶模拟设备教学,模拟教学学时不得超过6学时。

4. "安全文明驾驶常识"应与"道路驾驶"融合教学;"基础和场地驾驶"与"道路驾驶"可交叉训练。

四、其他

1. 驾培机构应根据本大纲制定教学计划,规范填写驾驶培训教学日志,倡导根据学员特点进行差异化教学。

2. 轮式专用机械车(M)、无轨电车(N)、有轨电车(P)三种准驾车型的培训教学大纲,由各省份根据需要和地方特点自行制定,并报交通运输部备案。

3. 各省份应当根据实际对各准驾车型培训里程做出相关要求,除D、E、F和C6外,其余准驾车型培训里程最低不得少于260公里。

4. 大型客货车驾驶员职业教育,参考本大纲,按有关规定另行制订人才培养方案。

五、培训教学大纲

第一部分 道路交通安全法律、法规和相关知识

教学目标: 掌握法律、法规和规章中与道路交通安全有关的相关规定;掌握各类道路条件下的通行规则;掌握道路交通信号的含义和作用;掌握地方性法规的重点内容;了解机动车基本知识,掌握机动车主要仪表、指示灯和操纵装置、安全装置的基本知识。

教学项目	教学内容	教学目标	适用车型
1.法律、法规及道路交通信号	机动车驾驶证申领与使用	掌握机动车驾驶证申领与使用的相关规定	A1、A2、A3、B1、B2、C1、C2、C3、C4、C5、D、E、F
	道路交通信号	掌握道路交通信号灯、道路交通标志、道路交通标线、交通警察手势的含义和作用	A1、A2、A3、B1、B2、C1、C2、C3、C4、C5、C6、D、E、F
	道路通行规则	掌握各类道路条件下的通行规则； 掌握变更车道、跟车、超车与限制超车、会车、避让行人和非机动车、掉头与倒车、停车、高速公路通行等规定	
	驾驶行为	掌握法律法规中有关驾驶行为的规定和要求	
	交通违法行为及处罚	了解道路交通违法行为记分规定； 掌握交通安全违法行为情形和驾驶机动车的禁止行为； 掌握交通肇事罪和危险驾驶罪的含义； 了解交通事故责任承担原则及交通违法行为的处罚措施	A1、A2、A3、B1、B2、C1、C2、C3、C4、C5、D、E、F
	机动车登记和使用	了解机动车登记和使用的有关规定	
	交通事故处理	掌握道路交通事故快速处置方法，事故现场保护、事故报警与求助	
	道路货物运输从业资格证申领、从业及经营要求	掌握从业资格申请程序、条件、证件使用的相关规定； 掌握法律法规中有关从业行为的规定和要求； 掌握超限运输、货物装载有关要求； 熟知道路货物运输违法行为情形； 掌握道路货物运输驾驶员考核、继续教育的有关规定； 掌握道路货物运输驾驶员在运输经营、安全生产、应对恐怖事件等方面的权利和义务； 掌握货物运输经营的有关规定； 掌握大件运输相关规定； 了解道路危险货物运输的从业资格要求	A2、B2
	地方性法规	掌握地方性法规的重点内容	A1、A2、A3、B1、B2、C1、C2、C3、C4、C5、D、E、F

教学项目	教学内容	教学目标	适用车型
2.机动车基本知识	车辆结构常识	了解车辆的基本构成及各组成部分的基本功能	A1、A2、A3、B1、B2、C1、C2、C3、C4、C5、C6、D、E、F
	车辆主要安全装置	掌握安全头枕、安全带、安全头盔、安全气囊、灯光、喇叭、后视镜、逃生出口、仪表、指示灯、报警灯、防抱死制动系统、儿童安全座椅等的作用；掌握三角警告牌、灭火器等安全设备的作用	A1、A2、A3、B1、B2、C1、C2、C3、C4、C5、C6、D、E、F
	驾驶操纵装置的作用	掌握转向、加速、变速、行车制动和驻车制动等操纵装置的作用；了解汽车辅助驾驶装置及功能	
		掌握离合器操纵装置的作用	A1、A2、A3、B1、B2、C1、C3、C4、D、E、F
	车辆性能	了解车辆性能与安全行车的关系	A1、A2、A3、B1、B2、C1、C2、C3、C4、C5、D、E、F
	车辆检查和维护	掌握车辆日常检查和维护的基本知识	
	车辆运行材料	了解轮胎、燃油、润滑油、冷却液、风窗玻璃清洗液等运行材料的使用常识	
	道路货物运输车辆相关知识	了解道路货物运输车辆改装相关知识；掌握道路货物运输车辆的安全防护装置知识；了解轮胎使用寿命的影响因素；熟知货车制动系统特点和使用要求；熟知紧急切断阀、汽车尾板等专用装置的作用及使用要求	A2、B2
	新能源汽车使用知识	了解新能源汽车技术及使用常识	A1、A2、A3、B1、B2、C1、C2、C3、C4、C5
	客车制动与安全装置	熟知客车行车制动装置、缓速器、驻车制动装置及客车乘客门、应急(安全)出口、安全锤等的作用	A1、B1
	公交车制动与安全装置	熟知公交车行车制动装置、驻车制动装置及公交车乘客门、应急(安全)出口、安全锤等的作用	A3
	汽车列车制动系统、连接与分离装置	熟知汽车列车制动系统的结构特点及作用；熟知汽车列车连接与分离装置的结构	A2、C6

教学项目	教学内容	教学目标	适用车型
3.道路货物运输相关知识	道路货物运输基本知识	了解货物运输的特点及分类； 了解货物运输车辆主要类型与技术特点； 熟知货物运输基本环节与运输质量要求； 掌握危险货物道路运输禁止、限定、豁免等相关知识； 掌握禁运物品查验要求； 了解货运合同与保险、保价相关知识	A2、B2
	货物装载知识	熟知货物装载质量、顺序及拼装配载要求； 掌握常见货物捆扎、固定等方法及货物包装储运图示标志； 掌握运输途中货物装载检查方法	
4.综合复习及考核	道路交通安全法律、法规和相关知识	掌握道路交通安全法律、法规、道路交通信号等相关知识； 掌握车辆的主要安全装置及作用	A1、A2、A3、B1、B2、C1、C2、C3、C4、C5、C6、D、E、F

第二部分　基础和场地驾驶

教学目标：掌握基础驾驶和场地驾驶理论知识；掌握基础的驾驶操作要领，具备对车辆控制的基本能力；掌握基础操作和场内驾驶的基本方法，具备合理使用车辆操纵机件、正确控制车辆运动空间位置的能力，能够准确地控制车辆的行驶位置、速度和路线。

教学项目	教学内容	教学目标	适用车型
1.基础驾驶	基础驾驶操作理论知识	掌握基础驾驶操作的要求及作用	A1、A2、A3、B1、B2、C1、C2、C3、C4、C5、C6、D、E、F
	驾驶姿势	掌握正确的驾驶姿势,规范使用安全带、安全头盔	
	操纵装置的规范操作	掌握转向装置、变速器操纵装置、驻车制动装置、行车制动装置、加速操纵装置的正确操作方法； 掌握灯光信号、喇叭及其他操纵装置的正确操作方法	
		掌握离合器操纵装置的正确操作方法	A1、A2、A3、B1、B2、C1、C3、C4、D、E、F

教学项目	教学内容	教学目标	适用车型
1.基础驾驶	操纵装置的规范操作	掌握转向盘、制动和加速迁延控制手柄的正确操作方法； 掌握制动和加速迁延控制踏板的正确操作方法； 掌握灯光信号、喇叭及其他操纵装置的正确操作方法	C5
		掌握转向盘、转向盘控制辅助手柄、制动和加速迁延控制手柄、转向信号灯迁延开关的正确操作方法； 掌握驻车制动辅助手柄、灯光信号、喇叭及其他操纵装置的正确操作方法	C5
		掌握转向盘、变速器操纵杆迁延控制装置或专用装置的正确操作方法； 掌握灯光信号、喇叭及其他操纵装置的正确操作方法	C5
	车辆安全检视	掌握出车前车辆外观、发动机舱的正确检视方法； 掌握行车中、收车后车辆安全检视的内容和方法	A1、A2、A3、B1、B2、C1、C2、C3、C4、C5、C6、D、E、F
	起步前车辆检查与调整	掌握调整座椅、头枕、后视镜，以及系、松安全带的正确方法； 掌握检查操纵装置、起动发动机、检查仪表、停熄发动机的正确方法	A3、B2、C1、C2、C3、C4、C5
		掌握调整后视镜的正确方法； 掌握佩戴安全头盔的正确方法； 掌握检查操纵装置、起动发动机、检查仪表、停熄发动机的正确方法	D、E、F
	牵引车与挂车的连接与分离	掌握牵引车与挂车的连接与分离的正确操作方法和注意事项	A2、C6
	轮胎更换	掌握车辆后轮外侧轮胎的拆卸、安装方法； 掌握千斤顶的使用方法	A2、B2
	上车、下车动作	掌握正确的上车、下车动作	A3、B2、C1、C2、C3、C4、D、E、F
	车上轮椅（拐杖）的放置	掌握轮椅（拐杖）的安全放置方法	C5

教学项目	教学内容	教学目标	适用车型
1.基础驾驶	上车前的观察	掌握上车前观察,确认安全的正确方法	A1、A2、A3、B1、B2、C1、C2、C3、C5、C6
	下车前的观察	掌握下车打开车门前观察,确认安全的正确方法	
	起步、停车	掌握起步、停车前观察后方、侧方交通情况,安全平稳起步、停车的正确操作方法	A1、A2、A3、B1、B2、C1、C2、C3、C4、C5、C6、D、E、F
	变速、换挡、倒车	掌握加速、减速、换挡和倒车的正确操作方法	
	行驶位置和路线	掌握根据道路情况合理控制车速,保持车辆沿正确位置和路线行驶的正确操作方法,养成良好的车感和空间感	
2.场地驾驶	场地驾驶理论知识	掌握速度控制、转向控制、空间位置对安全行车的影响	A1、A2、A3、B1、B2、C1、C2、C3、C4、C5、C6、D、E、F
	倒车入库	掌握参照地面目标,合理操纵车辆从两侧倒入和驶出车库的正确操作方法	C1、C2、C3、C5
	坡道定点停车和起步	掌握操纵车辆定点停车和坡道平稳起步的正确操作方法	A1、A2、A3、B1、B2、C1、C2、C3、C4、C5、D、E、F
	侧方停车	掌握操纵车辆顺向停入道路右侧车位(库)的正确操作方法	A1、A2、A3、B1、B2、C1、C2、C3、C5
	曲线行驶	掌握操纵转向盘,控制车辆进行曲线行驶的正确操作方法	A1、A2、A3、B1、B2、C1、C2、C3、C5、C6
	直角转弯	掌握在急转弯路段正确操纵转向盘,准确判断内外轮差的方法	
	通过单边桥	掌握准确运用转向装置,正确判断车轮直线行驶轨迹,顺利通过单边桥的方法	A1、A2、A3、B1、B2、C4、D、E、F
	侧方移位、倒车进库	掌握准确判断车辆行驶空间位置,操纵车辆进行倒车进库、移位和出库的方法	A1、A2、A3、B1、B2、C6
	通过限宽门	掌握在一定车速下准确判断车身空间位置,顺利通过限宽门的正确操作方法	A1、A2、A3、B1、B2
	窄路掉头	掌握操纵车辆三进二退完成掉头的方法	
	模拟高速公路驾驶	掌握操纵车辆在模拟高速公路完成驶入(出)高速公路收费口、观察判断交通信号和交通状况、调整行车速度、匝道入主道、变更车道、驶离高速公路及应急停车的方法	

教学项目	教学内容	教学目标	适用车型
2.场地驾驶	模拟连续急弯山区路驾驶	掌握操纵车辆在模拟急弯山区路完成减速、鸣喇叭(非禁鸣区)、靠右行驶、通过弯道的方法	A1、A2、A3、B1、B2
	模拟隧道驾驶	掌握操纵车辆在模拟隧道根据交通信号完成减速、开启(关闭)灯光、鸣喇叭(非禁鸣区)、按规定车道行驶的方法	
	模拟雨(雾)天驾驶	掌握操纵车辆在模拟雨(雾)天气路段完成减速、选择刮水器挡位、开启灯光的方法	
	模拟湿滑路驾驶	掌握操纵车辆在模拟湿滑路完成减速、以低速挡匀速行驶的方法	
	模拟紧急情况处置	掌握操纵车辆模拟在紧急情况出现时,完成方向控制、制动、停车、开启危险报警闪光灯、摆放三角警告牌、撤离车内人员及报警的正确方法	
	模拟城市街道驾驶	掌握通过人行横道、路口、学校区域、居民小区、公交车站、医院、商店、铁路道口等的驾驶要领	C1、C2、C5
	跟车行驶	掌握 50km/h 或 70km/h 跟车行驶的方法	A3、B2、C1、C2、C5
	绕桩驾驶	掌握从起点绕桩前进驶出,再绕桩反向驶回的方法	C4、D、E、F
	停靠货台	掌握倒车尾靠货台、倒车侧靠货台、前进侧靠货台,准确停靠到位的方法	A2、B2
	停靠站台	掌握倒车侧靠站台、前进侧靠站台,准确停靠到位的方法	A1、A3、B1
	独立驾驶	能独立在场内安全驾驶车辆	A1、A2、A3、B1、B2、C1、C2、C3、C4、C5、C6、D、E、F
3.综合驾驶及考核	基础和场地驾驶	综合运用所学内容,熟练完成基础驾驶和场地驾驶	A1、A2、A3、B1、B2、C1、C2、C3、C4、C5、C6、D、E、F

第三部分　道路驾驶

教学目标:掌握道路驾驶时的安全行车相关知识;掌握一般道路和夜间驾驶方法,能够根据不同的道路交通状况安全驾驶;具备自觉遵守交通法规、有效处置随机交通状况、无意识合理操纵车辆的能力,做到安全、文明、谨慎驾驶。

教学项目	教学内容	教学目标	适用车型
1.跟车行驶	跟车距离和跟车速度控制	熟知跟车时合理控制跟车速度、保持跟车距离知识,掌握跟车行驶的安全驾驶方法	A1、A2、A3、B1、B2、C1、C2、C3、C4、C5、C6、D、E、F
2.变更车道	安全变更车道	熟知变更车道时观察、判断安全距离,控制行驶速度知识,掌握使用灯光信号、合理选择变更车道时机、平稳变更车道的安全驾驶方法	
3.靠边停车	顺位停车 S形倒车入位 L形倒车入位	熟知靠边停车时正确使用灯光信号,观察后方和两侧交通状况知识,掌握靠路边顺位停车、倒入路边车位(S形倒车入位)、倒入车库(L形倒车入位)的驾驶方法	A1、A2、A3、B1、B2、C1、C2、C3、C5、C6
4.掉头	安全掉头	熟知掉头时降低车速、观察交通状况知识,掌握正确选择掉头地点和时机、安全掉头的驾驶方法	
5.通过路口	直行通过路口	熟知路口合理观察交通状况知识,掌握减速或停车瞭望、直行通过路口的安全驾驶方法	
	路口左转弯、路口右转弯	熟知路口合理观察交通状况及视野盲区知识,掌握减速或停车瞭望,正确使用灯光信号,左、右转弯通过路口的安全驾驶方法	
6.通过人行横道	安全通过人行横道	熟知在人行横道前观察两侧交通状况、提前减速、礼让行人知识,掌握安全通过的驾驶方法	A1、A2、A3、B1、B2、C1、C2、C3、C4、C5、C6、D、E、F
7.通过学校区域	安全通过学校区域	熟知通过学校区域时提前减速观察,文明礼让,避让学生和校车知识,掌握安全通过的驾驶方法	
8.通过公共汽车站	安全通过公共汽车站	熟知通过公共汽车站提前减速,观察公共汽车进、出站动态和上下车乘客动态及预防行人横穿道路知识,掌握安全通过的驾驶方法	
9.会车	安全会车	熟知正确判断会车地点、会车时机及与对方车辆保持安全间距知识,掌握安全会车驾驶方法	
10.超车	安全超车	熟知超车前观察被超越车辆动态,合理选择超车时机,超车中保持与被超越车辆安全间距和超车后驶回原车道知识,掌握安全超车驾驶方法	

10

教学项目	教学内容	教学目标	适用车型
11.夜间驾驶	正确使用灯光与夜间安全驾驶	熟知夜间起步、会车、超车、通过急弯、通过坡路、通过拱桥、通过人行横道或者在没有交通信号灯控制的路口正确使用灯光知识,掌握夜间安全驾驶方法	A1、A2、A3、B1、B2、C1、C2、C3、C4、C5、D、E、F
12.恶劣条件下的驾驶	恶劣条件下的安全驾驶	熟知雨天、雾(霾)天、冰雪路面、泥泞道路、涉水等恶劣条件下的安全驾驶要领和方法	
13.山区道路驾驶	山区道路安全驾驶	熟知山区道路的安全驾驶要领和方法	
14.高速公路驾驶	模拟高速公路安全驾驶	熟知高速公路的安全驾驶要领和方法	A1、A2、A3、B1、B2、C1、C2、C3、C5
15.行驶路线选择	自行选择行驶路线的安全驾驶	能够按照自行选择的行驶路线安全驾驶	A1、A2、A3、B1、B2、C1、C2、C3、C4、C5、C6、D、E、F
16.综合驾驶及考核	道路安全驾驶	综合运用所学内容,能够在道路上安全驾驶	A1、A2、A3、B1、B2、C1、C2、C3、C4、C5、C6、D、E、F

第四部分 安全文明驾驶常识

教学目标: 掌握各种道路条件、气象环境下的安全文明驾驶知识;掌握正确辨识各类道路交通信号的知识;掌握危险源辨识与防御性驾驶知识;掌握紧急情况下的临危处置知识;掌握发生交通事故后的现场处置方法;熟知伤员自救常识;了解常见危险化学品名称、特性等常识;正确分析各类典型事故案例。

教学项目	教学内容	教学目标	适用车型
1.安全文明驾驶知识	安全驾驶生理心理状态	掌握酒精、毒品、药物及疲劳驾驶、不集中注意力、不良情绪等不良生理心理状态对安全驾驶的危害、影响及相应预防知识,养成自觉杜绝违法驾驶行为和避免在不良生理心理状态下驾驶的习惯	A1、A2、A3、B1、B2、C1、C2、C3、C4、C5、C6、D、E、F
		掌握道路货物运输驾驶员的职业道德要求; 了解道路货物运输驾驶员心理健康与调节知识; 了解道路货物运输驾驶员生理健康与职业病预防知识; 了解道路货物运输驾驶员反应时间对安全驾驶的影响	A2、B2

教学项目	教学内容	教学目标	适用车型
1.安全、文明驾驶知识	安全驾驶	掌握车辆安全检查与调整方法,养成行车前对车辆进行安全检查与调整的驾驶习惯; 掌握车内安全装置的正确使用方法,熟知乘车人的安全保护方法,养成规范使用安全带、安全头盔、安全头枕、儿童安全座椅等主要安全装置的习惯; 掌握起步、汇入车流、跟车行驶、变更车道、会车、超车、让超车、停车和开车门、掉头、倒车及通过弯道、路口、人行横道、学校区域、居民小区、医院、公交车站、停车场(库)、城乡接合部的安全驾驶方法,养成安全行车的驾驶习惯; 掌握与大型车辆共行的相关知识	A1、A2、A3、B1、B2、C1、C2、C3、C4、C5、C6、D、E、F
	文明礼让	了解汽车语言和驾驶人手势的含义; 掌握让行规则,培养安全礼让行人(尤其儿童)、非机动车和其他车辆(尤其校车)等其他交通参与者的道德意识,杜绝常见违法行为和不文明行为,养成文明礼让的驾驶习惯	
	常见道路交通信号辨识	能正确辨识交通信号灯、交通标志、交通标线和交通警察手势等,养成自觉遵守道路交通信号的驾驶习惯	
2.危险源辨识与防御性驾驶知识	险情预测与分析及防御性驾驶	掌握危险源辨识基本知识,养成提前预判风险的习惯; 掌握动视力、行车视距、视野盲区和内轮差对安全行车的影响; 掌握跟车、会车、超车、变更车道、转弯、倒车、掉头等不同行驶状态下驾驶险情的预测与分析及防御性驾驶方法; 掌握山区道路、桥梁、隧道等典型道路环境下驾驶险情的预测与分析及防御性驾驶方法; 掌握雨天、雪天、雾(霾)天、风沙等恶劣气象条件下驾驶险情的预测与分析及防御性驾驶方法; 掌握高速公路驾驶险情的预测与分析及防御性驾驶方法; 掌握夜间驾驶险情的预测与分析及防御性驾驶方法	A1、A2、A3、B1、B2、C1、C2、C3、C4、C5、C6、D、E、F

教学项目	教学内容	教学目标	适用车型
3.夜间和高速公路安全驾驶知识	夜间驾驶	掌握夜间正确使用灯光、路面的识别与判断、会车、跟车、超车、让超车及通过交叉路口、人行横道、坡道、弯道的安全驾驶方法; 掌握夜间车辆发生故障时的处置方法	A1、A2、A3、B1、B2、C1、C2、C3、C4、C5、C6、D、E、F
	高速公路驾驶	掌握驶入驶出高速公路收费口、通过匝道、汇入车流、加速车道行驶、行车道的选择、变更车道、跟车、速度控制、通过隧道、通过桥梁、减速车道行驶、驶离高速公路的安全驾驶方法	
4.恶劣气象和复杂道路条件下的安全驾驶知识	雨天驾驶	掌握雨天正确使用灯光和刮水器、选择行驶路面、控制行驶速度、跟车、会车、制动、停车的安全驾驶方法	A1、A2、A3、B1、B2、C1、C2、C3、C4、C5、C6、D、E、F
	冰雪道路驾驶	掌握雪天正确使用灯光、选择行驶路面、控制行驶速度、跟车、会车、制动、停车的安全驾驶方法; 掌握结冰路面安全驾驶方法及防滑链的使用知识	
	雾(霾)天驾驶	掌握雾(霾)天正确使用灯光、选择行驶路面、控制行驶速度、跟车、会车、制动、停车的安全驾驶方法	
	大风、沙尘天气驾驶	掌握大风、沙尘天气正确使用灯光、选择行驶路面、控制行驶速度、跟车、会车、制动、停车的安全驾驶方法	
	泥泞道路驾驶	掌握泥泞道路的路面选择、速度控制、方向控制方法; 了解侧滑、驱动轮空转的处置方法	
	涉水驾驶	熟知通过漫水桥、漫水路、城市内涝及其他涉水情况的安全驾驶方法	
	施工道路驾驶	掌握通过施工路段的安全驾驶方法	
	通过铁路道口	掌握通过铁路道口的安全驾驶方法	
	山区道路驾驶	掌握山区道路跟车、超车、会车、停车、坡道和弯道行驶的安全驾驶方法	
	通过桥梁	掌握通过立交桥、公路跨线桥、山区跨涧公路大桥及跨江、河、海大桥及简易桥梁的安全驾驶方法	

教学项目	教学内容	教学目标	适用车型
4.恶劣气象和复杂道路条件下的安全驾驶知识	通过隧道	熟知通过隧道的明暗适应知识； 掌握通过隧道时正确使用灯光、控制速度的方法及隧道行车禁止行为； 掌握防范隧道事故的方法； 熟知隧道内安全设施的标志及使用方法； 掌握隧道中发生事故后应急处置、逃生原则与方法	A1、A2、A3、B1、B2、C1、C2、C3、C4、C5、C6、D、E、F
5.紧急情况应急处置知识	紧急情况临危处置	掌握紧急情况临危处置原则； 熟知车辆轮胎漏气、突然爆胎、转向突然失控、制动突然失效、发动机突然熄火或断电、侧滑、碰撞、连续倾翻、着火、落水、紧急情况停车、突然出现障碍物、行人及动物突然横穿、遇险时处置及对乘员的保护等临危应急处置方法； 掌握灭火器、安全锤、三角警告牌等的正确使用方法	A1、A2、A3、B1、B2、C1、C2、C3、C4、C5、C6、D、E、F
		掌握发生火灾、爆炸等情况的应急处置方法； 掌握突遇自然灾害的应急处置方法	A2、B2
	高速公路驾驶紧急避险	掌握高速公路紧急避险的原则； 熟知高速公路行驶发生"水滑"、雾(霾)天遇事故、意外碰撞护栏、遇到横风、紧急情况停车的应急避险方法； 了解高速公路避险车道使用知识	A1、A2、A3、B1、B2、C1、C2、C3、C4、C5、C6、D、E、F
	发生交通事故后的处置	掌握交通事故逃生、现场处置原则和次生事故防范方法； 掌握装载常见危险化学品的车辆发生事故后的处置与个人防护； 熟知伤员急救原则及昏迷不醒、失血、烧伤、中毒、骨折伤员自救、急救的基本要求和方法； 了解常用的伤员止血方法	
6.危险化学品知识	常见危险化学品知识	了解常见危险化学品和放射性物品的种类、危害及运输中特殊情况的处理原则	A1、A2、A3、B1、B2
7.典型事故案例分析	违法行为综合判断与案例分析	能够正确分析道路交通典型事故案例，判断事故中存在的违法行为及事故发生的主要原因	A1、A2、A3、B1、B2、C1、C2、C3、C4、C5、C6、D、E、F
8.综合复习及考核	安全文明驾驶知识	掌握实际驾驶中的安全文明驾驶常识	A1、A2、A3、B1、B2、C1、C2、C3、C4、C5、C6、D、E、F

六、教学日志

驾驶培训教学日志（样式）

车　　型：××	
基本学时：××	

驾培机构名称：×××××	学员姓名：×××	学员编号：××××

道路交通安全法律、法规和相关知识 基本学时：××	教学项目：1.法律、法规及道路交通信号；2.机动车基本知识；3.道路货物运输相关知识（仅A2、B2车型）；4.综合复习及考核。

次数/ 日期(月/日)	1 /	2 /	3 /	4 /	5 /	6 /	7 /	8 /	9 /	…… /
教学项目序号										
学时										
学员签字										
教练员评价及签字										

考　　核			
次数/ 考核日期	1/ 月　日	2/ 月　日	……/ 月　日
考核意见	□合格　□不合格 建议：	□合格　□不合格 建议：	□合格　□不合格 建议：
考核员签字			

基础和场地驾驶 基本学时：××	教学项目：1.基础驾驶；2.场地驾驶；3.综合驾驶及考核。

次数/日期(月/日)	1 /	2 /	3 /	4 /	5 /	6 /	7 /	8 /	9 /	10 /
教学项目序号										
学时										
学员签字										
教练员评价及签字										
次数/日期(月/日)	11 /	12 /	13 /	14 /	15 /	16 /	17 /	18 /	19 /	…… /
教学项目序号										
学时										
学员签字										
教练员评价及签字										

考 核			
次数/考核日期	1/ 月 日	2/ 月 日	……/ 月 日
考核意见	□合格 □不合格 建议：	□合格 □不合格 建议：	□合格 □不合格 建议：
考核员签字			

增加培训学时					
次数	日期(月/日)	教学内容	所用学时	学员签字	教练员评价及签字
1	/				
2	/				
……	/				

道路驾驶 基本学时：××	教学项目：1.跟车行驶；2.变更车道；3.靠边停车；4.掉头……

次数/ 日期(月/日)	1 /	2 /	3 /	4 /	5 /	6 /	7 /	8 /	9 /	10 /
教学项目序号										
学时										
学员签字										
教练员评价及签字										
次数/ 日期(月/日)	11 /	12 /	13 /	14 /	15 /	16 /	17 /	18 /	19 /	…… /
教学项目序号										
学时										
学员签字										
教练员评价及签字										

考　核			
次数/ 考核日期	1/ 月 日	2/ 月 日	……/ 月 日
考核意见	□合格　□不合格 建议：	□合格　□不合格 建议：	□合格　□不合格 建议：
考核员签字			

增加培训学时					
次数	日期(月/日)	教学内容	所用学时	学员签字	教练员评价及签字
1	/				
……	/				

安全文明驾驶常识　基本学时：××	教学项目：1.安全、文明驾驶知识；2.危险源辨识与防御性驾驶知识……

次数/ 日期(月/日)	1 ／	2 ／	3 ／	4 ／	5 ／	6 ／	7 ／	8 ／	9 ／	…… ／
教学项目序号										
学时										
学员签字										
教练员评价及签字										

考　核			
次数/ 考核日期	1/ 月 日	2/ 月 日	……/ 月 日
考核意见	□合格　□不合格 建议：	□合格　□不合格 建议：	□合格　□不合格 建议：
考核员签字			

结　业　意　见			
学员姓名		身份证号	
驾培机构 审核盖章	该学员各部分考核均合格，准予结业。 （驾培机构章） 年　月　日		

驾驶培训电子教学日志(样式)

驾培机构名称:××××××	学员姓名:××× 学员编号:××××	车型:××

××××(如道路驾驶) 基本学时:××	教学项目:××××××××××××××××× ××××××××××。

培训日期	×××年×月×日		
培训时段	hh:mm–hh:mm(24 小时制)	训练照片1	训练照片2
教练员	×××		
教练车号牌	××××学	总累计学时	×××(单位:min)
本次培训教学项目	××××××××××	法律法规和相关知识累计学时	×××(单位:min)
本次培训学时	×××(单位:min)	基础和场地驾驶累计学时	×××(单位:min)
本次培训行驶里程	×××(单位:km)	道路驾驶累计学时	×××(单位:min)
本次培训平均速度	×××(单位:km/h)	安全文明驾驶常识累计学时	×××(单位:min)
教练员评价			
教练员签字		学员签字	

备注:1.本表中所列为电子教学日志中必备内容,驾培机构可根据此表样式,结合计时培训管理需求,自行设计使用此日志。

2.电子教学日志与纸质教学日志具有同等效力。

机动车驾驶人考试大纲

为规范机动车驾驶人考试工作,明确考试内容,提高考试科学水平,制定本大纲。

一、制定依据

根据《中华人民共和国道路交通安全法》及其实施条例、《机动车驾驶证申领和使用规定》《机动车登记规定》《道路交通安全违法行为处理程序规定》《道路交通事故处理程序规定》《道路交通安全违法行为记分管理办法》等有关规定制定。

二、考试目标

根据规定,符合国务院公安部门规定的驾驶许可条件的人员,可申请参加机动车驾驶人考试。机动车驾驶人考试执行全国统一的考试内容和合格标准,考核应考人员是否了解和掌握道路交通安全法律法规知识、安全文明驾驶常识和驾驶技能,是否具备驾驶规则意识、安全意识和文明意识。对通过规定科目考试的人员,公安机关交通管理部门核发机动车驾驶证。

三、考试内容

1. 本大纲分为"科目一　道路交通安全法律、法规和相关知识考试""科目二　场地驾驶技能考试""科目三　道路驾驶技能和安全文明驾驶常识考试"。

2. "科目一　道路交通安全法律、法规和相关知识考试"内容包括驾驶证和机动车管理规定、道路通行条件及通行规定、道路交通安全违法行为及处罚、道路交通事故处理相关规定、机动车基础知识以及其他道路交通安全法律、法规和规章等六部分内容。

3. "科目二　场地驾驶技能考试"内容和"科目三　道路驾驶技能考试"内容按照《机动车驾驶证申领和使用规定》中关于不同准驾车型规定的相应考试项目进行设置。

4. "科目三　安全文明驾驶常识考试"内容包括安全行车常识、文明行车常识、道路交通信号在交通场景中的综合应用、恶劣气象和复杂道路条件下安全驾驶知识、紧急情况下避险常识、防范次生事故处置与伤员急救知识、典型事故案例分析以及地方试题等八部分内容。

四、考试要求

1. 对考试内容的考核要求按照由低到高分为三个层次,分别是"了解""熟知"和"掌握",高一层次的考试要求包括低一层次的考试要求。

——了解,要求应考人员清楚考点的概念、作用,能够在简单交通环境中进行识别和应用。

——熟知,要求应考人员全面了解考点知识,能够理解知识要点内涵,清楚操作要领,并能够分析、解释原因。

——掌握,要求应考人员能够深入理解考点知识、技能及有关原理,能够在复杂交通环境中综合运用相关知识,熟练驾驶车辆。

2.考试大纲科目一考试和科目三安全文明驾驶常识考试的考试要点分为通用考试要点和专用考试要点。通用考试要点适用于所有准驾车型考试。专用考试要点适用于大型客车、重型牵引挂车、城市公交车、中型客车、大型货车准驾车型考试,大纲考试要点中带有"※"符号的为专用考试要点。

3.轮式专用机械车(M)、无轨电车(N)、有轨电车(P)三种准驾车型的考试大纲,由各省级公安机关交通管理部门根据需要和地方特点自行制定,并报公安部交通管理局备案。

五、考试要点

科目一 道路交通安全法律、法规和相关知识考试

考试项目	考试内容	考试要点	考试目标
1.驾驶证和机动车管理规定	驾驶证申领和使用	机动车驾驶许可; 准驾车型和机动车驾驶证有效期; 机动车驾驶证申请条件; 驾驶人考试内容和合格标准; 学习驾驶证明使用规定; 驾驶证实习期; 有效期满、转入、变更换证; 驾驶证遗失补证; 驾驶证审验; 驾驶证注销情形; 驾驶证电子版申领和使用; 违规申领、考试、审验的法律责任; 申请增加准驾车型的条件; 大中型客货车驾驶证日常管理要求※	考核是否掌握驾驶证申领和使用相关知识;是否了解交通违法记分管理制度;是否了解机动车登记和使用的相关知识
	交通违法行为记分管理	记分分值; 记分执行; 满分处理; 记分减免; 法律责任	

考试项目	考试内容	考试要点	考试目标
1.驾驶证和机动车管理规定	机动车登记和使用	机动车注册、变更、转移、抵押、注销登记； 机动车登记证书、号牌、行驶证灭失、丢失或损毁；机动车上路行驶条件；机动车安全技术检验； 机动车交通事故责任强制保险； 机动车强制报废※	考核是否掌握驾驶证申领和使用相关知识；是否了解交通违法记分管理制度；是否了解机动车登记和使用的相关知识
2.道路通行条件及通行规定	道路交通信号	道路交通信号灯的分类、含义、识别和作用； 道路交通标志的分类、含义、识别和作用； 道路交通标线的分类、含义、识别和作用； 交通警察指挥手势的分类、含义、识别和作用	考核是否掌握道路通行条件以及道路通行规定相关知识
	道路通行规定	右侧通行； 灯光、喇叭的使用； 有划分车道、无划分车道的道路通行； 超车规定； 跟车距离的保持要求； 交叉路口通行； 变更车道规定； 限速通行； 会车规定； 掉头规定； 倒车规定； 铁路道口及渡口通行； 缓行、拥堵路段或路口通行； 漫水路、漫水桥通行； 避让行人和非机动车； 避让执行紧急任务的特种车辆、道路养护作业车辆； 遇校车通行规定； 专用车道的使用要求； 载物规定； 载人规定； 驾驶机动车禁止行为； 停车规定； 牵引挂车规定； 故障处置； 牵引故障机动车	

考试项目	考试内容	考试要点	考试目标
2.道路通行条件及通行规定	高速公路通行特殊规定	高速公路禁行要求； 高速公路限速规定； 进出高速公路； 跟车距离要求； 低能见度等恶劣环境下的通行规定； 应急车道使用规定； 高速公路禁止行为； 高速公路机动车故障处置	考核是否掌握道路通行条件以及道路通行规定相关知识
3.道路交通安全违法行为及处罚	道路交通安全违法行政强制措施	扣留机动车的情形； 扣留机动车驾驶证的情形； 拖移机动车的情形； 强制检验体内违禁饮(用)品含量的情形	考核是否掌握涉及道路交通安全的违法行为；是否了解相关行政强制措施、行政处罚、刑事处罚的知识
	道路交通安全违法行政处罚	道路交通安全违法的行政处罚种类； 违反道路通行规定的处罚； 饮酒、醉酒驾车的处罚； 涉及登记证书、号牌、证件、标志违法的处罚； 未投保交强险的处罚； 违法停车的处罚； 超速、疲劳驾驶、分心驾驶等其他违法行为的处罚； 超载、超员的处罚※	
	道路交通安全违法刑事处罚	交通肇事罪； 危险驾驶罪； 伪造、变造、买卖驾驶证； 使用伪造、变造的或者盗用他人驾驶证； 其他涉牌涉证、涉考涉驾等犯罪行为的刑事处罚	
4.道路交通事故处理相关规定	道路交通事故处理	事故报警； 事故现场处置； 高速公路事故现场处置； 自行协商、简易程序； 事故现场的强制撤离	考核是否掌握道路交通事故处理的相关知识

考试项目	考试内容	考试要点	考试目标
5.机动车基础知识	车辆结构与车辆性能常识	车辆的基本构成； 车辆制动性、通过性对行车安全影响的相关知识； 新能源汽车基础知识； 车辆轮胎、燃油、润滑油、冷却液、风窗玻璃清洗液等运行材料的作用和使用要求※	考核是否了解车辆基本构成和车辆性能常识；是否了解机动车主要仪表、指示灯、报警灯的作用；是否掌握常见操纵装置、安全装置作用及使用要求等知识；是否熟知大中型客货车制动系统及安全装置相关知识
	常见操纵装置	转向盘的作用； 机动车踏板的分类和作用； 变速器操纵杆的作用； 驻车制动器的作用； 各类开关的辨识和作用； 辅助驾驶功能	
	常见安全装置	仪表、指示灯、报警灯的辨识和作用； 安全头枕的作用及使用要求； 安全带的作用及使用要求； 安全气囊的作用及使用要求； 儿童安全座椅的作用及使用要求； 防抱死制动装置等其他常见安全装置的作用	
	大中型客货车制动系统及安全装置※	客车、城市公交车行车制动装置、辅助制动装置、驻车制动装置的作用和使用要求； 客车、城市公交车车门、应急（安全）出口、安全锤、灭火器等安全装置的使用要求； 货车制动系统的特点和使用要求； 汽车列车连接与分离装置的使用要求； 紧急切断阀、汽车尾板等专用装置的作用和使用要求	
6.地方性法规	根据地方性法规选定的重点内容		考核地方性法规的重点内容

科目二 场地驾驶技能考试

考试项目	考试要点	考试车型	考试目标
1. 桩考	正确判断车身行驶空间位置,在规定时间内操控车辆完成倒车或前进通过空间限位障碍	A1、A2、A3、B1、B2、C4、C6、D、E、F	
2. 倒车入库	准确判断车身位置,在规定时间内参照地面标线操纵车辆从两侧正确倒入和驶出车库	C1、C2、C3、C5	
3. 坡道定点停车和起步	准确控制停车位置,协调运用加速踏板、驻车制动器和离合器,平稳起步	A1、A2、A3、B1、B2、C1、C3、C4、D、E、F	
4. 侧方停车	在规定时间内正确操纵车辆顺向准确停入道路右侧车位	A1、A2、A3、B1、B2、C1、C2、C3、C5	
5. 通过单边桥	在行驶中操纵转向装置,控制车轮保持直线行驶,通过单边桥	A1、A2、A3、B1、B2、C4、D、E、F	考核是否掌握车辆机件操纵方法;是否具备正确控制车辆运动空间位置的能力以及准确地控制车辆的行驶位置、速度和路线的能力
6. 曲线行驶	在行驶中操纵转向装置,准确判断车轮位置,控制车辆曲线行驶	A1、A2、A3、B1、B2、C1、C2、C3、C5、C6	
7. 直角转弯	在行驶中操纵转向装置,控制内轮差通过转弯区域	A1、A2、A3、B1、B2、C1、C2、C3、C5、C6	
8. 通过限宽门	在行驶中准确判断车身空间位置,控制车辆以一定车速通过限宽门	A1、A2、A3、B1、B2	
9. 窄路掉头	在规定时间内不超过三进二退掉头后靠右停车	A1、A2、A3、B1、B2	
10. 模拟高速公路驾驶	驶入驶出高速公路、观察判断交通信号和交通状况、合理选择行车道、调整行车速度、遵守行车规定以及高速公路应急停车	A1、A2、A3、B1、B2	
11. 模拟连续急弯山区路驾驶	通过模拟急弯山区路能够做到减速、鸣喇叭、靠右行,控制车辆在本方车道内行驶	A1、A2、A3、B1、B2	
12. 模拟隧道驾驶	进入隧道前根据交通信号,完成减速、开灯、鸣喇叭(非禁鸣情况下)操作,驶出隧道前鸣喇叭,驶出隧道后关闭前照灯	A1、A2、A3、B1、B2	

考试项目	考试要点	考试车型	考试目标
13.模拟雨(雾)天驾驶	在模拟雨雾天气中完成减速、选择刮水器挡位、开启灯光等操作	A1、A2、A3、B1、B2	考核是否掌握车辆机件操纵方法;是否具备正确控制车辆运动空间位置的能力以及准确地控制车辆的行驶位置、速度和路线的能力
14.模拟湿滑路驾驶	在模拟湿滑路中正确操控车辆,使用低速挡平稳通过	A1、A2、A3、B1、B2	
15.模拟紧急情况处置	在模拟紧急情况出现时,合理完成制动、停车、开启危险报警闪光灯、正确摆放警告标志、撤离车内人员、报警等操作	A1、A2、A3、B1、B2	
16.省级公安机关交通管理部门增加的考试内容	省级公安机关交通管理部门可以根据实际增加考试内容,并确定轮式专用机械车、无轨电车、有轨电车的考试内容	A1、A2、A3、B1、B2、C1、C2、C3、C5、M、N、P	

科目三 道路驾驶技能考试

考试项目	考试要点	考试车型	考试目标
1.上车准备	上车前观察车辆周围及车底是否存在安全隐患,检查轮胎及车辆外观,车牌和后视镜有无污损、遮挡,确认安全,上车动作规范	A1、A2、A3、B1、B2、C1、C2、C3、C5	考核是否掌握道路上的安全驾驶方法;是否具备准确判断不同道路情景中的潜在危险以及正确有效处置随机出现的交通状况的能力;是否具备无意识合理操纵车辆的能力;是否具备安全、谨慎驾驶意识
2.起步	起步前调整和检查车内设施,系好安全带,正确使用转向灯,观察后方、侧方交通情况,起步过程规范、平稳	A1、A2、A3、B1、B2、C1、C2、C3、C5	
3.直线行驶	根据道路情况合理控制车速、车距,正确使用挡位,保持直线行驶	A1、A2、A3、B1、B2、C1、C2、C3、C5	
4.加减挡位操作	根据道路交通状况和车速,合理加减挡,换挡及时、平顺	A1、A2、A3、B1、B2、C1、C2、C3、C5	
5.变更车道	变更车道过程中正确使用转向灯,观察、判断侧后方交通情况,保持车辆安全间距,控制行驶速度,合理选择变道时机,变道过程平顺	A1、A2、A3、B1、B2、C1、C2、C3、C5	
6.靠边停车	观察后方和右侧的交通情况,提前开启转向灯,减速向右、平稳停车	A1、A2、A3、B1、B2、C1、C2、C3、C5	

考试项目	考试要点	考试车型	考试目标
7. 直行通过路口	观察路口交通情况,减速或停车瞭望,直行安全通过路口	A1、A2、A3、B1、B2、C1、C2、C3、C5	
8. 路口左转弯	观察路口交通情况,提前开启转向灯,驶入相应车道,减速或停车瞭望,偏头查看左前车窗立柱盲区,左转弯安全通过路口	A1、A2、A3、B1、B2、C1、C2、C3、C5	
9. 路口右转弯	观察路口交通情况,提前开启转向灯,驶入相应车道,减速或停车瞭望,观察右侧内轮差行驶区域,右转弯安全通过路口	A1、A2、A3、B1、B2、C1、C2、C3、C5	
10. 通过人行横道	提前减速,观察两侧交通情况,确认安全后,合理控制车速通过,遇行人停车让行	A1、A2、A3、B1、B2、C1、C2、C3、C5	
11. 通过学校区域	提前减速观察交通情况,文明礼让,确保安全通过,遇有学生横过马路时应停车让行	A1、A2、A3、B1、B2、C1、C2、C3、C5	考核是否掌握道路上的安全驾驶方法;是否具备准确判断不同道路情景中的潜在危险以及正确有效处置随机出现的交通状况的能力;是否具备无意识合理操纵车辆的能力;是否具备安全、谨慎驾驶意识
12. 通过公共汽车站	提前减速,观察公共汽车进、出站动态和乘客上下车动态,着重注意同向公共汽车前方或对向公共汽车后方有无行人横穿道路	A1、A2、A3、B1、B2、C1、C2、C3、C5	
13. 会车	正确判断会车地点,与对方车辆保持安全间距,注意对方车辆后方交通情况,按照让行要求会车	A1、A2、A3、B1、B2、C1、C2、C3、C5	
14. 超车	正确判断超车条件,保持与被超越车辆的安全跟车距离,观察后方以及左前方交通情况,选择合理时机,正确使用灯光,从被超越车辆的左侧超越。超越后,在不影响被超越车辆正常行驶的情况下,逐渐驶回原车道	A1、A2、A3、B1、B2、C1、C2、C3、C5	
15. 掉头	降低车速,观察交通情况,正确选择掉头地点和时机,发出掉头信号后掉头;掉头时不妨碍其他车辆和行人的正常通行	A1、A2、A3、B1、B2、C1、C2、C3、C5	
16. 夜间行驶	行驶中根据各种照明、天气、道路和车流情况正确使用灯光	A1、A2、A3、B1、B2、C1、C2、C3、C5	

考试项目	考试要点	考试车型	考试目标
17.省级公安机关交通管理部门确定的考试内容	除大型客车、重型牵引挂车、城市公交车、中型客车、大型货车、小型汽车、小型自动挡汽车、低速载货汽车和残疾人专用小型自动挡载客汽车外的其他准驾车型考试内容	C4、D、E、F、M、N、P	考核是否掌握道路上的安全驾驶方法；是否具备准确判断不同道路情景中的潜在危险以及正确有效处置随机出现的交通状况的能力；是否具备无意识合理操纵车辆的能力；是否具备安全、谨慎驾驶意识
18.省级公安机关交通管理部门增加的考试内容	大型客车、重型牵引挂车、城市公交车、中型客车、大型货车的山区、隧道、陡坡等复杂道路驾驶考试内容	A1、A2、A3、B1、B2、	

科目三　安全文明驾驶常识考试

考试项目	考试内容	考试要点	考试目标
1.安全行车常识	日常检查与维护	出车前的检查；行车中与收车后的检查；车辆的日常维护	考核是否了解车辆日常检查与维护知识；是否熟知各类不良驾驶状态的危害及预防知识；是否掌握危险源辨识的相关知识；是否具备安全、谨慎驾驶意识
	安全驾驶状态	酒精、毒品、药物对驾驶影响的相关知识；疲劳驾驶的防范知识；不良情绪状态对驾驶影响相关知识；身体状态对驾驶的影响；分心驾驶危害与预防	
	危险源的识别与预防	安全行车视距；车辆盲区的辨识与预防；内轮差知识；行车观察与潜在危险的辨识	
	安全驾驶操作要求	起步前调整；重要的安全防护；安全起步；安全变更车道；安全跟车；安全超车、让超车；安全会车；安全掉头；安全倒车；安全停车和开车门；路口让行规则；安全通过学校、居民区、医院、停车场库等特殊区域；辅助驾驶功能使用	

考试项目	考试内容	考试要点	考试目标
2.文明行车常识	保护其他交通参与者	礼让行人和骑车人； 保护乘车人	考核是否掌握文明驾驶知识；是否具备文明、礼让驾驶意识
	与其他车辆共用道路	遇紧急车辆的处置； 礼让公交车辆与校车； 与大型车辆共行的相关知识； 驾驶机动车的其他礼让行为	
	文明使用灯光及喇叭	文明使用灯光； 文明使用喇叭	
	常见不文明行为	车窗抛物、争道抢行、滥用远光灯等常见不文明行为	
3.道路交通信号在交通场景中的综合应用	路口交通信号综合应用	不同类型交叉路口交通信号综合应用	考核是否掌握实际道路驾驶时各类道路交通信号的综合应用知识
	路段交通信号综合应用	不同类型道路路段交通信号综合应用	
	特殊场所交通信号综合应用	车站、铁路道口等场所交通信号综合应用	
4.恶劣气象和复杂道路条件下安全驾驶知识	通过桥梁隧道的安全驾驶	通过桥梁的安全驾驶； 通过隧道的安全驾驶	考核是否掌握复杂道路条件、恶劣气象和高速公路的安全驾驶知识
	山区道路安全驾驶	山区道路跟车时安全距离的控制； 山区道路超车时的安全驾驶； 山区道路会车时的安全驾驶； 山区道路安全停车； 山区道路坡道的安全驾驶； 山区道路弯道的安全驾驶	
	夜间安全驾驶	夜间灯光的使用要求； 夜间路面的识别与判断； 夜间跟车、超车、让超车时的安全驾驶； 夜间会车时的安全驾驶； 夜间通过交叉路口时的安全驾驶； 夜间通过坡道、弯道时的安全驾驶； 夜间通过人行横道时的安全驾驶； 夜间车辆发生故障时的安全驾驶	
	特殊道路及恶劣气象条件下的安全驾驶	雨天安全驾驶； 冰雪道路安全驾驶； 雾天安全驾驶； 大风、沙尘天气安全驾驶； 泥泞、涉水、施工道路安全驾驶	

考试项目	考试内容	考试要点	考试目标
4.恶劣气象和复杂道路条件下安全驾驶知识	高速公路安全驾驶	驶入驶出收费站； 安全汇入车流； 行车道的选择； 行车速度确认； 安全距离确认； 应急车道的使用； 安全通过高速公路隧道、桥梁； 驶离高速公路	考核是否掌握复杂道路条件、恶劣气象和高速公路的安全驾驶知识
5.紧急情况下避险常识	紧急情况通用避险知识	紧急情况下的避险原则； 轮胎漏气、爆胎的处置； 转向失控的处置； 制动失效的处置； 车辆熄火、断电的处置； 侧滑时的处置； 碰撞时的应急处置； 倾翻时的应急处置； 发动机着火、电池起火等火灾的应急处置； 车辆落水的应急处置； 紧急情况停车的应急处置	考核是否熟知紧急情况下的临危处置的基本知识
6.防范次生事故处置与伤员急救知识	事故处置与防范次生事故	事故处置原则； 事故现场处置常规方法； 防范隧道事故和次生事故等交通事故预防知识； 常见危险货物运输车辆发生交通事故后的处置与个人防护	考核是否掌握事故现场处置和防范次生事故方法；是否熟知伤员自救常识
	伤员自救、急救	伤员急救的基本要求； 伤员的移动； 失血伤员的急救； 烧伤者的急救； 中毒伤员的急救； 骨折伤员的处置	
7.典型事故案例分析	典型事故案例驾驶行为分析	典型事故违法行为分析； 典型事故不安全驾驶行为分析	考核是否掌握典型事故案例事故致因以及事故预防知识
	典型事故案例经验教训	典型道路交通事故客观成因； 典型道路交通事故预防知识	

考试项目	考试内容	考试要点	考试目标
8.地方试题	省级公安交通管理部门根据实际确定的考试内容		考核本地实际确定的安全文明驾驶常识